AF690760

Mobil säkerhet och appskydd

Hur du håller din smartphone, dina appar och dina meddelanden säkra från digitala inkräktare

Av Joe Correa

Publicerad av Live Stronger Faster

Upphovsrätt © 2026 av Joe Correa

Alla rättigheter förbehållna.

Ingen del av denna publikation får reproduceras, distribueras eller överföras i någon form eller på något sätt—elektroniskt, mekaniskt, genom fotokopiering, inspelning eller på annat sätt—utan föregående skriftligt tillstånd från utgivaren, förutom i fall av korta citat i kritiska recensioner samt vissa andra icke-kommersiella användningar som tillåts enligt upphovsrättslagen.

Denna bok är endast avsedd för utbildnings- och informationsändamål. Författaren och utgivaren tillhandahåller inte juridisk, finansiell eller annan professionell rådgivning. Läsare bör rådfråga en kvalificerad expert innan de fattar några finansiella beslut.

Första upplagan

Innehållsförteckning

Introduktion

I den digitala tidsåldern är din smartphone inte bara en telefon. Den är din kamera, plånbok, meddelandecentral, reseguide, hälsomätare och en ingång till nästan varje del av ditt personliga och professionella liv. Det gör den också till ett av de mest attraktiva målen för cyberbrottslingar, datainsamlare och appar som inkräktar på din integritet. Och medan de flesta människor låser sin ytterdörr innan de lämnar hemmet, tillämpar de sällan samma nivå av säkerhetsmedvetenhet på sin mest använda enhet.

Den här boken är din kompletta guide för att skydda ditt mobila liv. Oavsett om du använder en iPhone, Android eller surfplatta ger den här boken dig ett tydligt och lättförståeligt ramverk för att skydda din enhet, dina appar och din data—utan att du behöver vara tekniskt kunnig. Vi går igenom viktiga inställningar, funktioner och verktyg som drastiskt kan minska din sårbarhet, från kryptering och appbehörigheter till säker meddelandehantering och mobila VPN-tjänster.

Vi kommer också att belysa några av de största hoten som de flesta inte ens inser existerar—som falska appar, överdrivna behörigheter, attacker via Bluetooth, platsövervakning och de dolda riskerna med gratis Wi-Fi. Varje kapitel är fyllt med verkliga scenarier, experttips och uppdaterade säkerhetsverktyg som du kan börja använda direkt.

När du är klar med den här boken kommer du att förstå hur mobila attacker sker, hur du känner igen varningssignaler och—viktigast av allt—hur du förhindrar dem. Du kommer att lära dig hur du säkrar dina meddelanden, skyddar känsliga dokument, undviker vanliga fällor och tar tillbaka kontrollen över din mobila integritet.

Oavsett om du är förälder, resenär, entreprenör, frilansare, student eller bara någon som lever ett liv på språng, kommer den här boken att ge dig självförtroendet och kunskapen att hålla din digitala värld säker—även i de mest uppkopplade miljöerna.

Låt oss börja med Kapitel 1: De verkliga farorna med mobil cyberbrottslighet—och varför det är lika viktigt att säkra din smartphone som att låsa din ytterdörr.

Kapitel 1: De verkliga farorna med mobil cyberbrottslighet

De flesta människor bär hela sina liv i fickan – men få förstår verkligen riskerna som följer med det. Smarttelefonen har blivit en förlängning av den mänskliga hjärnan: den lagrar våra lösenord, personliga foton, konversationer, finansiella appar, hälsodata, platshistorik och till och med biometriska identifierare som fingeravtryck och ansiktsigenkänning. Detta gör mobila enheter till ett av de mest eftertraktade målen för cyberbrottslingar, identitetsstöld och digitala spioner. Men hotet handlar inte bara om hackare i ett mörkt rum som skriver kod. De mer allvarliga farorna är ofta lagliga, osynliga och inbyggda direkt i apparna vi använder varje dag.

Låt oss börja med en grundläggande sanning: din telefon sänder alltid data. Oavsett om det gäller GPS-position, Bluetooth-signaler, Wi-Fi-förfrågningar eller mobila annons-ID:n, kommunicerar din enhet ständigt med nätverk, master och närliggande enheter. Denna datastream kan samlas in, lagras, analyseras och säljas av apputvecklare, annonsörer eller illvilliga aktörer. Många inser inte att även "gratis" ficklamps- eller väderappar kan innehålla spionprogram som samlar in kontakter, mikrofoningång eller användningsvanor – helt utan misstanke.

En av de vanligaste men minst rapporterade farorna är så kallad *permission creep* – när en app först ber om tillgång till grundläggande funktioner (som plats eller foton), men med tiden begär fler och mer inträngande behörigheter. Till exempel kan en enkel anteckningsapp plötsligt vilja ha åtkomst till mikrofon, kalender eller kamera. De flesta användare trycker på "Tillåt" utan att förstå konsekvenserna. Dessa behörigheter kan utnyttjas för att avlyssna samtal, ta bilder eller komma åt känsliga filer i bakgrunden.

Sedan finns hotet från falska appar – skadlig programvara förklädd till legitima applikationer. Dessa är särskilt vanliga i tredjeparts appbutiker eller i länder där Android dominerar. En falsk bankapp kan till exempel se identisk ut som din riktiga bankapp, men istället för att hjälpa dig logga in stjäl den dina uppgifter. När den väl är installerad kan den arbeta i hemlighet, fånga tvåfaktorskoder, läsa meddelanden och skicka privat data till en angripares server.

Offentligt Wi-Fi innebär en annan stor risk. Så kallade *man-in-the-middle*-attacker sker när hackare skapar falska Wi-Fi-hotspots på offentliga platser – ofta märkta "Free_Wifi" eller "Starbucks_Guest". När du ansluter kan angriparen avlyssna allt du skickar: inloggningsuppgifter, kreditkortsnummer, personliga mejl och till och med

VPN-trafik om den inte är korrekt krypterad. Detta är särskilt farligt för personer som använder mobilt bankande, filöverföringar eller shopping online på språng.

Även Bluetooth kan kapas. Attacker som BlueBorne och BlueSnarfing gör det möjligt för hackare att utnyttja Bluetooth-anslutningar för att stjäla filer, kontakter eller till och med ta kontroll över din enhet – helt utan interaktion. Att ha Bluetooth påslaget i folktäta miljöer som flygplatser, konferenser eller konserter ökar risken avsevärt.

Din enhet är också en ingång för social ingenjörskonst. Phishing-meddelanden via SMS (så kallad smishing) eller meddelandeappar kan se helt legitima ut. Att klicka på en länk i ett falskt leveransmeddelande eller bankmeddelande kan installera skadlig kod direkt eller leda dig till en falsk webbplats som stjäl dina inloggningsuppgifter. Det som gör detta värre är att mobilanvändare ofta skummar, trycker snabbt och blir mer sårbara på grund av den lilla skärmen och stressad användning.

För att göra saken ännu mer komplex är mobila operativsystem inte ofelbara. Även om iOS och Android använder sandboxning, kryptering och regelbundna uppdateringar kan dessa säkerhetslager kringgås genom jailbreak, föråldrad programvara eller okända sårbarheter som ännu inte har patchats. När en enhet väl är komprometterad blir den ett övervakningsverktyg – som registrerar varje tangenttryckning, låser upp lösenord och skickar data utan din vetskap.

Sammanfattningsvis är mobila enheter skattkistor av data – vilket gör dem till högvärdiga mål för både illvilliga hackare och datadrivna företag. Hoten är verkliga, konstanta och ständigt utvecklande. Men det betyder inte att du är försvarslös. I kommande kapitel går vi igenom specifika verktyg och tekniker för att skydda dig: från appbehörigheter och kryptering till säkra meddelandeappar, mobila VPN-tjänster och realtidsdetektering av hot.

För nu, kom ihåg detta: om du inte skulle lämna din plånbok, ditt pass eller din dagbok öppet på en offentlig plats, ska du inte göra det digitalt heller. Din smartphone är allt detta – och mycket mer.

Carlos berättelse om mobil cyberbrottslighet

Carlos hade precis landat i New York efter en affärsresa till Mexico City. När han gick genom JFK-flygplatsen öppnade han sin telefon för att kolla mejl, beställa en Uber och meddela sin fru att han hade landat. Det var bara ännu en hektisk måndag – tills det inte var det längre.

När han satte sig i Ubern märkte Carlos något konstigt. Hans bankapp loggade plötsligt ut honom. Han tänkte att det bara var ett fel och loggade in igen. Fel lösenord. Och igen. Fel igen. Han stirrade oförstående på skärmen. Han hade inte ändrat det, ingen annan visste det, och han hade använt det bara några timmar tidigare.

Snart försökte han logga in på sin e-post – men möttes av meddelandet: "Ditt lösenord har ändrats. Om detta inte var du, klicka här." En obehaglig känsla spred sig i magen.

Inom några minuter började hans telefon vibrera konstant. Kreditkortsföretaget rapporterade en transaktion på 1 500 dollar i Chicago. Sedan kom en notis om att hans Apple-ID hade använts från en annan enhet. Därefter Dropbox. Hans digitala liv föll samman framför honom.

Hur kunde detta hända?

Tre dagar tidigare hade Carlos suttit på ett café i Mexico City och anslutit till gratis Wi-Fi. Det verkade bekvämt – något han gjort många gånger tidigare. Han laddade upp känsliga dokument, loggade in på investeringstjänster och svarade på mejl.

Vad han inte visste var att nätverket inte var gratis – det var en falsk hotspot skapad av en hackare som satt bara några bord bort. Hackaren fångade inloggningsuppgifter, e-postdata och sessionscookies från alla anslutna enheter.

Sedan kom nästa steg: en falsk systemuppdatering som skickades via en man-in-the-middle-attack. Carlos tryckte "Acceptera" utan att tänka och installerade omedvetet skadlig kod.

Denna kod gav hackaren tillgång till allt: tangenttryckningar, lösenord och till och med kameran. När Carlos senare anslöt till offentligt Wi-Fi på JFK aktiverades skadlig kod igen och skickade all insamlad data till angriparens server.

Hemma försökte Carlos rädda situationen. Han bytte lösenord, spärrade konton och återställde telefonen. Men skadan var redan skedd. Hans identitet fanns nu på darknet.

En vecka senare pratade han med en cybersäkerhetsexpert som gick igenom varje misstag: offentligt Wi-Fi utan VPN, inga appkontroller, Bluetooth påslaget i offentliga miljöer och falska uppdateringar.

Carlos är inte ensam. Miljontals människor gör samma misstag varje dag – klickar, ansluter och installerar utan att tänka.

Beslutsam att aldrig bli ett offer igen började Carlos ta säkerhet på allvar. Han använde krypterade appar, VPN, säkrare molnlagring och lärde sig känna igen phishing och falska appar.

Hans historia är inte ett undantag – det är en varning. Och det är precis därför den här boken finns.

Kapitel 2: Förstå appbehörigheter och hur de utnyttjar dig

Varje gång du installerar en ny app ombeds du att ge behörigheter. Ibland är de självklara: en navigationsapp behöver tillgång till din plats; en kameraapp behöver använda din kamera. Men vad händer när en ficklampsapp ber om tillgång till mikrofonen? Eller när en fotoredigeringsapp vill ha din kontaktlista? Sanningen är att appbehörigheter är en av de mest förbisedda men samtidigt mest utnyttjade delarna av mobil säkerhet.

Behörigheter är broarna mellan en app och din telefons interna funktioner. Dessa inkluderar åtkomst till din plats, mikrofon, kamera, kalender, meddelanden, foton, samtalshistorik, biometrisk data, lagring och till och med din skärmaktivitet. Varje behörighet, om den missbrukas, kan bli en ingång till övervakning eller datastöld. Problemet är att de flesta människor helt enkelt trycker på "Tillåt" utan att tänka—eller ännu värre, ställer in appar på "Tillåt alltid" när "Endast när appen används" hade räckt.

Låt oss bryta ner hur dessa behörigheter ofta missbrukas. En till synes harmlös app kan be om platsåtkomst och sedan i tysthet sälja din rörelsedata till annonsörer eller datamäklare.

En annan kan samla in din urklippshistorik—vilket innebär att om du har kopierat lösenord eller kreditkortsnummer, så är de tillgängliga. Vissa appar begär SMS-åtkomst under förevändning av verifiering, men använder det sedan för att fånga tvåfaktorskoder eller spamma dina kontakter.

Sedan har vi åtkomst till mikrofon och kamera. En app som har tillgång till båda kan tekniskt sett spela in dig eller ta bilder utan din vetskap. Även om operativsystem kräver att appar ber om dessa behörigheter explicit, hittar vissa skadliga appar sätt att utnyttja kryphål—särskilt på föråldrade eller jailbreakade enheter. Till och med legitima appar har avslöjats med att spela in användarbeteenden i bakgrunden under förevändning av "analys."

Behörigheter kan också förändras över tid. Du kanske installerar en app och godkänner ett begränsat antal åtkomster. Men i en framtida uppdatering kan appen begära ytterligare behörigheter—och om du har aktiverat automatiska uppdateringar kanske du aldrig märker att appen har fått tillgång till mer av din personliga data. Detta kallas *permission creep* och är mycket vanligt.

Så hur tar du tillbaka kontrollen? Börja med att granska varje apps behörigheter manuellt. På Android går du till Inställningar > Integritet > Behörighetshanterare. På iOS går du till Inställningar > Integritet och säkerhet och trycker på varje kategori (som Mikrofon eller Kamera) för att se vilka appar som har åtkomst. Ta bort behörigheter som inte är logiska för appens funktion.

Du kan också installera verktyg som övervakar behörigheter. Appar som Bouncer (Android) låter dig ge tillfälliga behörigheter som automatiskt upphör efter användning. Andra verktyg, som Jumbo eller DuckDuckGo App Tracking Protection, blockerar tredjepartsspårare och ger insyn i hur din data används och skickas vidare.

Var också uppmärksam på hur du installerar appar. Använd alltid officiella appbutiker (Google Play, Apple App Store) och undvik tredjepartsfiler om du inte litar på källan. Innan installation, kontrollera utvecklarens namn, recensioner, antal nedladdningar och senaste uppdateringar. Var försiktig med appar som har få recensioner eller ser ut som kopior—de används ofta som trojanska hästar.

Även bland legitima appar bör du överväga alternativ som kräver färre behörigheter. Till exempel finns det kalkylatorer som inte behöver internetåtkomst. Meddelandeappar som Signal är end-to-end-krypterade och begär inte kontaktåtkomst om du inte tillåter det. Bara för att en app är populär betyder det inte att den respekterar din integritet.

Ett annat kraftfullt steg är att använda funktioner i operativsystemet som begränsar bakgrundsaktivitet. Både iOS och Android låter dig hindra appar från att uppdateras i bakgrunden eller använda platsdata när de inte används. Detta kan stoppa appar från att spåra dig kontinuerligt.

I slutändan är den bästa försvarslinjen medvetenhet kombinerad med god digital hygien. Gör det till en vana att varje månad granska din telefon—ta bort oanvända appar, kontrollera ovanliga behörigheter och håll systemet uppdaterat. Ju mer kontroll du har över vad dina appar kan göra, desto mindre kontroll har andra över ditt liv.

Att förstå appbehörigheter handlar inte bara om inställningar—det handlar om att skydda din data, din identitet och din sinnesro. Bekvämligheten med mobil teknik ska aldrig ske på bekostnad av tyst övervakning.

Hur Ava lärde sig priset av integritet

Ava älskade fotografering. Som en ung innehållsskapare spenderade hon timmar med att ta bilder och redigera dem med trendiga appar. Under en weekendresa till Arizona hittade hon en app som hette ProFilter+. Den lovade professionella filter—gratis. Utan att tveka laddade hon ner den och tryckte "Tillåt" på alla behörigheter.

Tre dagar senare började något kännas fel.

Batteriet tog slut snabbt. Telefonen blev varm. En kväll dök ett konstigt meddelande upp som bad om Bluetooth-åtkomst.

Hon började undersöka. Till sin förvåning hade appen tillgång till mikrofon, kamera, plats, kontakter och rörelsesensorer. Varför behövde en fotoapp allt detta?

Hon upptäckte att appen hade använt hennes plats 67 gånger på 24 timmar. Samtidigt hade en vän fått märkliga mejl från hennes konto.

Ava raderade appen direkt och kontaktade sin vän Malik som arbetade inom cybersäkerhet. Han analyserade situationen och upptäckte att appen hade samlat in data och skickat den till en server i Östeuropa.

"Den kan ha haft tillgång till din mikrofon och samlat beteendedata," förklarade han.

Ava blev chockad. "Men den fanns i App Store."

"Det betyder inte att den är säker," svarade Malik.

Tillsammans rensade de hennes telefon, tog bort behörigheter, stängde av bakgrundsaktivitet och installerade säkerhetsverktyg. De hittade flera andra appar med onödiga åtkomster.

Den största insikten? Ava hade aldrig ifrågasatt varför appar behövde tillgång till hennes data.

Från den dagen ändrade hon sitt beteende. Hon granskar nu appar regelbundet, undersöker utvecklare och väljer alternativ med bättre integritet.

Hennes telefon blev snabbare, säkrare och mer privat.

Och nästa gång en ny app blev viral, stannade hon upp och frågade:

"Behöver den verkligen allt detta?"

De flesta inser inte hur mycket de ger bort med ett enda tryck. Men Ava lärde sig den hårda vägen att bekvämlighet ofta har ett pris—och hon tänker aldrig betala det igen.

Kapitel 3: Risker med offentligt Wi-Fi, Bluetooth och platsspårning

I en ständigt uppkopplad värld har mobil bekvämlighet ett pris. Offentliga Wi-Fi-nätverk, Bluetooth-signaler och platsspårningstjänster är alla funktioner som är utformade för att göra livet enklare—men de skapar också stora sårbarheter som kan utnyttjas utan att du ens märker det. Utmaningen ligger i att förstå hur dessa verktyg fungerar och hur de kan manipuleras av angripare, annonsörer och till och med appar du litar på.

Låt oss börja med offentligt Wi-Fi, en av de vanligaste och farligaste hoten mot mobil säkerhet. Caféer, flygplatser, hotell och köpcentrum erbjuder gratis Wi-Fi som en bekvämlighet—men "gratis" kommer ofta med dolda kostnader. Dessa nätverk är ofta osäkra, vilket innebär att de inte använder kryptering för att skydda den data du skickar eller tar emot. All information du överför via HTTP—e-post, lösenord, kreditkortsnummer—kan fångas upp med enkla verktyg som paketavlyssnare eller Wireshark. Än värre är att hackare kan skapa falska hotspots—nätverk med namn som "Free_WiFi" eller "Starbucks_Guest"—som ser legitima ut men kontrolleras av angripare. När du ansluter kan de utföra man-in-the-middle-attacker, fånga data, injicera skadlig kod eller utge sig för att vara betrodda webbplatser.

Även krypterad HTTPS-trafik är inte helt säker om angripare lurar användare att installera ett falskt certifikat eller utnyttjar en sårbarhet i webbläsaren. Att använda mobilbank, synkronisera filer eller logga in på molntjänster via offentligt Wi-Fi kan öppna dörren för stora dataläckor om det görs utan skydd.

Den andra stora riskfaktorn är Bluetooth. De flesta människor låter Bluetooth vara påslaget för bekvämlighet—för att ansluta hörlurar, bilar eller smartklockor. Men Bluetooth fungerar som en konstant sändare av signaler med låg energi. Den kan upptäckas och anslutas till av andra enheter inom kort räckvidd, vanligtvis 3 till 10 meter. Sårbarheter som BlueBorne visade att angripare kan ansluta till och kontrollera en enhet bara genom att vara i närheten—utan att användaren accepterar en anslutning. Andra attacker som BlueSnarfing kan möjliggöra datastöld eller obehörig åtkomst till enhetens filsystem.

Att stänga av Bluetooth när det inte används är ett enkelt men kraftfullt skydd. Även om du litar på dina hörlurar behöver du inte ha Bluetooth aktiverat dygnet runt, särskilt inte på offentliga platser som flygplatser, konferenser eller kollektivtrafik. Bluetooth drar också batteri, så att stänga av det förbättrar både säkerhet och prestanda.

Den tredje kritiska men ofta missförstådda faktorn är platsspårning. De flesta smartphones använder en kombination av GPS, Wi-Fi-triangulering och mobilmaster för att bestämma din exakta position. Denna funktion driver användbara tjänster—som kartor, vädervarningar, transportappar och nödsystem. Men det är också en integritetsrisk.

Appar som samlar in platsdata delar ofta eller säljer den till tredjepartsannonsörer och datamäklare. Vissa appar spårar dina rörelser kontinuerligt—even när de inte används—och lagrar informationen under lång tid. Denna data kan användas för att skapa en detaljerad profil av dina dagliga vanor: var du arbetar, handlar, sover och reser. I värsta fall kan denna information begäras ut juridiskt, hackas eller säljas vidare.

För att ta kontroll, börja med att granska platsbehörigheter på din enhet. Tillåt endast åtkomst "När appen används" om det inte är absolut nödvändigt. Stäng av "Exakt plats" om det inte behövs. Inaktivera bakgrundsuppdateringar för appar som inte behöver konstant åtkomst. Du kan också stänga av funktioner som "Betydande platser" på iPhone eller "Google Platshistorik" på Android för att stoppa kontinuerlig spårning.

Ett annat viktigt verktyg är en mobil VPN, som krypterar din internetanslutning—särskilt användbart på offentligt Wi-Fi. VPN döljer din IP-adress, förhindrar att internetleverantörer och hackare ser din aktivitet och skapar en säker tunnel för din data. Välj en pålitlig, betald VPN utan loggning. Gratis VPN-tjänster säljer ofta din data eller visar annonser.

Slutligen, stäng av inställningar som automatiskt ansluter till öppna Wi-Fi-nätverk. Dessa är ofta aktiverade som standard och kan göra att din telefon återansluter till farliga nätverk utan din vetskap.

Sammanfattningsvis är din telefons trådlösa funktioner ett tveeggat svärd. De ger bekvämlighet, hastighet och funktionalitet—men kan också utsätta dig för hot i realtid om de inte hanteras korrekt. Genom att vara medveten om hur du använder Wi-Fi, Bluetooth och platsdata kan du drastiskt minska din digitala exponering.

Målet är inte att vara rädd för tekniken—utan att använda den smart. I nästa kapitel går vi igenom hur du ställer in din smartphone för maximal säkerhet, inklusive krypterade meddelandeappar, säker lagring och de bästa integritetsinställningarna för iOS och Android.

Jordans historia om bankappen

Jordan var en digital nomad—en frilansdesigner som arbetade från caféer i Bali, coworkingkontor i Lissabon och flygplatslounger runt om i världen. Hans telefon var hans liv. Den innehöll kundavtal, designfiler, bankappar, lösenord och videosamtal. Men trots sin tekniska kunskap var han slarvig på ett område: bekvämlighet.

En regnig tisdag i Chiang Mai satt Jordan på ett café och arbetade med ett kontrakt värt 12 000 dollar. Han anslöt till caféets Wi-Fi, laddade upp filer och loggade in på sin bank. Allt verkade normalt.

Senare samma kväll fick han en notis: ett köp på 3 900 dollar i Singapore. Sedan fler. Paniken spred sig. Han försökte logga in igen—men kunde inte.

Efter kontakt med banken fick han veta att någon hade fått tillgång till hans konto via en falsk enhet.

Nästa dag besökte han en cybersäkerhetsexpert. Problemet var tydligt: han hade anslutit till ett falskt Wi-Fi-nätverk med ett nästan identiskt namn. Hackaren hade avlyssnat trafiken och stulit hans inloggning i realtid.

Dessutom var Bluetooth påslaget, vilket gjorde att angriparen kunde extrahera data och installera skadlig kod.

Och som om det inte räckte hade hans platsdata loggats i detalj under flera veckor.

Jordan insåg att hela hans liv hade kartlagts—utan att han visste det.

Experten hjälpte honom att åtgärda problemen: stänga av Bluetooth, rensa Wi-Fi-nätverk, begränsa platsdata och installera VPN.

Efter det blev Jordan mer försiktig. Han använde VPN, kontrollerade behörigheter och stängde av funktioner när de inte behövdes.

Han började dela sin erfarenhet med andra och skapade en guide för frilansare.

Han hade lärt sig att uppkoppling utan försiktighet är som att lämna ytterdörren öppen i en storstad.

Säkerhet handlar inte om att stänga ner allt—det handlar om att vara smart med vad du tillåter och när.

Kapitel 4: Säkra din smartphone – inställningar, verktyg och bästa praxis

Att säkra din smartphone börjar med ett tankesätt: din telefon är inte bara en enhet–den är din identitet, din plånbok och ditt privatliv samlat i ett objekt som du bär med dig överallt. Varje tryck, nedladdning eller svep öppnar en ny möjlighet–antingen för produktivitet eller för utnyttjande. Lyckligtvis kommer moderna smartphones med kraftfulla inbyggda skydd–du behöver bara använda dem rätt. Detta kapitel ger dig en steg-för-steg-guide för att låsa ner din telefon med smarta inställningar, kostnadsfria verktyg och beprövade vanor.

Låt oss börja med din låsskärm. Det är din första försvarslinje. Använd en stark sexsiffrig PIN-kod eller en alfanumerisk kod istället för en enkel fyrsiffrig kod. Biometrisk autentisering–som Face ID eller fingeravtryck–är bekväm, men bör alltid kombineras med en stark reservkod. Använd aldrig enkla svepmönster eller ansiktsupplåsning som endast bygger på frontkameran–de kan kringgås med bilder eller smutsavtryck. Inaktivera också förhandsvisningar på låsskärmen för känsliga appar som e-post, sms eller bankappar för att hindra nyfikna ögon från att läsa notiser utan att låsa upp telefonen.

Aktivera sedan automatiska säkerhetsuppdateringar. Både Android och iOS släpper regelbundet viktiga säkerhetsuppdateringar. Slå på automatisk installation för att säkerställa att din enhet alltid är uppdaterad. En ouppdaterad telefon är en av de mest sårbara typerna av enheter, särskilt med ökningen av så kallade zero-day-sårbarheter.

En ofta förbisedd inställning är granskning av appbehörigheter. Varje månad bör du kontrollera vilka appar som har tillgång till kamera, mikrofon, kontakter, kalender och plats. Fråga dig själv: behöver denna app verkligen denna nivå av åtkomst? Om inte, ta bort den. På Android går du till Inställningar > Integritet > Behörighetshanterare. På iOS går du till Inställningar > Integritet och säkerhet.

För att skydda data som lagras på enheten bör du aktivera kryptering. iPhones gör detta automatiskt. På Android går du till Inställningar > Säkerhet > Kryptering och aktiverar fullständig enhetskryptering om det är möjligt. Detta säkerställer att innehållet inte kan nås om enheten blir stulen.

En annan viktig vana är regelbundna säkerhetskopior. Använd krypterade molnkopior eller lokala krypterade säkerhetskopior via iTunes (iOS) eller ADB (Android). Undvik tredjepartsappar som begär för många behörigheter. En säkerhetskopia är din räddning vid stöld, skada eller skadlig kod.

När det gäller meddelanden bör du undvika vanlig SMS för känslig kommunikation. Använd istället krypterade appar som Signal, WhatsApp eller Telegram (med hemliga chattar). Signal är det mest integritetsvänliga alternativet eftersom det inte lagrar metadata. Aktivera självförstörande meddelanden och biometriska lås för extra skydd.

Installera en pålitlig VPN, särskilt om du använder offentligt Wi-Fi. En VPN krypterar din trafik och skyddar din aktivitet från hackare och internetleverantörer. Välj en betald tjänst med "no-logs"-policy. Gratis VPN-tjänster säljer ofta din data.

Android-användare kan installera brandväggsappar som NetGuard eller TrackerControl för att övervaka trafik. iOS-användare kan använda appar som Lockdown Privacy eller Guardian Firewall.

Stäng av annonsspårning. På iOS: Inställningar > Integritet och säkerhet > Spårning. På Android: Inställningar > Google > Annonser. Återställ också ditt annons-ID regelbundet.

Stäng av funktioner som AirDrop, NFC och Nearby Share när de inte används. Dessa kan annars tillåta okända enheter att skicka filer till dig. Stäng även av Bluetooth och Wi-Fi när de inte används.

Slutligen, aktivera “Hitta min enhet” eller “Hitta min iPhone”. Detta gör att du kan lokalisera, låsa eller radera din telefon på distans.

Dessa inställningar tar bara en kort stund att konfigurera men kan skydda dig från stora risker. Din telefon blir snabbare, säkrare och mer privat.

Rileys historia

Riley trodde alltid att hennes iPhone var säker. Den var modern, dyr och uppdaterad. Men efter ett seminarium om cybersäkerhet insåg hon hur mycket hon hade tagit för givet.

En expert visade hur lätt det var att hacka en telefon med svaga inställningar.

Den kvällen började Riley granska sin telefon. Hon ändrade sin fyrsiffriga kod till ett starkt lösenord.

Hon upptäckte att appar hon inte använde hade tillgång till kamera och mikrofon—och tog bort det.

Hon bytte till Signal för säkrare meddelanden.

Hon rensade sparade Wi-Fi-nätverk och installerade en VPN.

Bluetooth stängdes av. Bakgrundsuppdateringar begränsades. Platsspårning stängdes av.

Nästa dag kändes hennes telefon säkrare och mer privat.

När en vän senare blev hackad hjälpte Riley henne att göra samma ändringar.

Hon insåg att säkerhet inte handlar om teknik–utan om medvetenhet.

Och hon bestämde sig för att varje månad granska sin digitala säkerhet.

Kapitel 5: Skydda personliga filer, foton och molndata

Din smartphone är mer än en kommunikationsenhet—den är ett personligt kassaskåp. Den lagrar tusentals foton, privata dokument, skannade ID-handlingar, kontrakt, finansiella uppgifter och till och med känsliga anteckningar. Även om smartphones är otroligt praktiska för att hantera ditt liv, gör just den bekvämligheten dem till attraktiva mål för stöld, hacking och övervakning. Om dina filer, foton eller molnkonton komprometteras kan konsekvenserna bli förödande—från identitetsstöld och utpressning till ekonomiska förluster och emotionell stress.

Det första steget för att skydda din personliga data är att förstå hur den lagras och delas. De flesta mobilanvändare förlitar sig på molntjänster som iCloud, Google Drive, OneDrive eller Dropbox för att lagra och säkerhetskopiera filer. Dessa tjänster är effektiva, men inte immuna mot attacker eller dataläckor. Ett intrång i ditt molnkonto kan ge angripare tillgång till hela ditt digitala liv—särskilt om du återanvänder lösenord eller inte använder tvåfaktorsautentisering.

Börja med att säkra dina molnkonton med starka, unika lösenord och aktivera tvåfaktorsautentisering (2FA). Undvik

SMS-baserad 2FA om möjligt, eftersom den kan fångas upp genom SIM-kapning. Använd istället autentiseringsappar som Authy, Google Authenticator eller Microsoft Authenticator. För ännu högre säkerhet kan du använda en fysisk säkerhetsnyckel som YubiKey.

Granska därefter delningsinställningar för filer i molnet. Det är vanligt att glömma att dokument som delades tidigare fortfarande är tillgängliga via offentliga länkar. Gå igenom dina filer och mappar och ta bort åtkomst till sådant som inte längre behöver delas. Undvik inställningar som "Alla med länken kan visa" om det inte är absolut nödvändigt.

Kryptera känsliga filer innan du laddar upp dem till molnet. Du kan använda verktyg som Cryptomator, VeraCrypt eller 7-Zip för att skydda filer med lösenord. På så sätt förblir filerna oläsliga även om ditt konto komprometteras.

På din telefon kan du använda säkra valv-appar för att lagra privata foton, PDF-filer och anteckningar. Dessa appar skapar krypterade, lösenordsskyddade områden som inte är tillgängliga via vanliga filsystem eller bildgallerier. Exempel är Keepsafe, Folder Lock eller Proton Drive.

När det gäller foton bör du inaktivera automatisk synkronisering för känsliga mappar om du inte helt litar på molntjänsten. Om du använder Google Photos eller iCloud, kontrollera vilka mappar som säkerhetskopieras. Överväg att skapa ett separat privat valv för ID-foton, kvitton och annat känsligt material.

Var också försiktig med skannerappar. Dessa används ofta för att digitalisera pass, körkort eller skattedokument—men många lagrar filerna i molnet automatiskt. Välj appar som erbjuder lokal lagring och kryptering.

Säkerhetskopiera regelbundet dina filer offline med en krypterad extern hårddisk eller SD-kort och förvara kopian säkert. Molntjänster är praktiska men inte ofelbara—filer kan raderas, skadas eller låsas vid ransomware-attacker. En lokal backup är din sista försvarslinje.

Var uppmärksam på appbehörigheter och filåtkomst. Vissa appar begär full åtkomst till dina bilder och filer. Fråga dig själv om det verkligen behövs eller om det finns bättre alternativ.

Som extra skydd kan du installera säkerhetsappar som upptäcker dataläckor och erbjuder stöldskydd. Dessa kan varna dig om din data dyker upp i dataintrång och låta dig radera information på distans.

I slutändan handlar skyddet av dina filer om en enkel princip: om det är värdefullt för dig, är det värdefullt för någon annan. Behandla varje fil med samma försiktighet som din plånbok eller ditt pass.

Natashas märkliga e-posthistoria

Natasha var en framgångsrik frilansjurist som drev hela sin verksamhet via telefon och laptop. Alla dokument, kontrakt och klientfiler fanns i hennes molnlagring.

En dag fick hon ett e-postmeddelande som varnade för ett inloggningsförsök från Ryssland. Hon trodde först det var ett bedrägeri—tills hon såg att det var verkligt.

Hon ändrade snabbt sitt lösenord, men skadan var redan skedd. Filer hade laddats ner, och hon fick ett utpressningsmail med krav på betalning.

En cybersäkerhetsexpert upptäckte att hon återanvänt lösenord utan 2FA, vilket gjorde kontot sårbart.

Hon uppgraderade sin säkerhet direkt: aktiverade 2FA, krypterade filer och slutade använda automatiska molnsynkroniseringar.

Hon rensade även sitt fotobibliotek och skyddade känsliga filer i ett privat valv.

Till slut hade hon gått från sårbar till säker—på bara några dagar.

Hennes viktigaste lärdom:

Om det är viktigt nog att lagra, är det viktigt nog att skydda.

Kapitel 6: Säker meddelandehantering, samtal och videosamtal på mobilen

Textmeddelanden, röstsamtal och videosamtal är de vanligaste sätten människor kommunicerar via sina smartphones. Men vad många användare inte inser är att dessa samtal inte alltid är privata. Från osäkra standardappar för meddelanden till okrypterade videoplattformar och teleoperatörer som loggar data–din mobila kommunikation är mer exponerad än du tror. I en tid av övervakningskapitalism och digital avlyssning är det inte en lyx att skydda dina samtal–det är en nödvändighet.

Låt oss börja med SMS. SMS är en av de minst säkra kommunikationsmetoderna. Meddelanden skickas i klartext och kan fångas upp av operatörer, myndigheter eller angripare. I många länder lagras SMS-data under lång tid. Om du värnar om din integritet bör SMS endast användas för icke-känslig kommunikation.

Använd istället krypterade meddelandeappar där endast avsändare och mottagare kan läsa innehållet. Några av de bästa alternativen är:

Signal: Den mest säkra appen, öppen källkod, utan annonser och med stark integritet.

WhatsApp: Krypterad men samlar metadata.

Telegram: Kryptering endast i "hemliga chattar".

Threema och Wire: Mindre kända men mycket säkra.

När det gäller samtal är standardtelefonappar oftast inte krypterade. Samtal kan avlyssnas via nätverkssårbarheter. För privata samtal, använd appar som Signal, WhatsApp eller FaceTime som erbjuder end-to-end-kryptering.

Var försiktig med mikrofon- och kamerabehörigheter. Många appar begär åtkomst även när de inte används. Kontrollera inställningar och begränsa åtkomst till endast nödvändiga appar.

Vid videosamtal med appar som Zoom, Google Meet eller Teams bör du veta att inte alla är fullt krypterade. För känsliga samtal, använd säkrare alternativ.

För extra skydd kan du använda tillfälliga telefonnummer via appar som Burner eller Hushed.

Var också uppmärksam på social manipulation via meddelanden. Angripare kan utge sig för att vara någon du litar på. Verifiera alltid innan du delar känslig information.

Aktivera tvåfaktorsautentisering, PIN-koder och självförstörande meddelanden för ökad säkerhet.

Granska också säkerhetskopior av meddelanden. Vissa appar lagrar dem i molnet utan kryptering. Stäng av eller kryptera dessa säkerhetskopior.

Sammanfattningsvis kräver säker kommunikation rätt verktyg, medvetenhet och goda vanor. Varje meddelande du skickar kan antingen vara privat—eller bli en risk.

Hur Lena lärde sig vikten av kryptering

Lena arbetade som undersökande journalist och hanterade känsliga källor. Hon använde SMS och vanliga samtal—utan att tänka på säkerheten.

En dag fick hon en varning från en källa om att hon kunde vara övervakad.

Kort därefter märkte hon konstiga saker—kameran blinkade, telefonen blev varm och samtal avbröts.

En säkerhetsexpert förklarade att hennes kommunikation inte var krypterad och kunde avlyssnas.

De installerade Signal, aktiverade 2FA och begränsade mikrofonåtkomst.

Hon lärde sig att WhatsApp-backuper inte var krypterade och stängde av dem.

För känsliga kontakter använde hon tillfälliga nummer.

När hon senare publicerade sin artikel var hennes källor skyddade.

Hon insåg att professionalism i den digitala världen kräver skydd av både data och kommunikation.

Idag lär hon andra journalister hur man skyddar sina samtal.

Kapitel 7: Mobilapparnas fällor, skadlig programvara och spionprogramhot

Alla mobilappar är inte vad de utger sig för att vara. Vissa framstår som användbara verktyg, spel eller underhållningsplattformar—men bakom kulisserna samlar de in din data, installerar spårningsprogram eller fungerar till och med som spionprogram. Den moderna smartphonen har blivit en guldgruva för både utvecklare och angripare, och användare som inte känner igen appfällor utsätter sig för övervakning, identitetsstöld eller värre. I detta kapitel avslöjar vi de vanligaste hoten från appar och hur du skyddar dig mot dolda faror i dina nedladdningar.

Låt oss börja med skadliga appar. Dessa är applikationer som ser legitima ut men är designade för att stjäla data, installera skadlig kod eller kapa enhetens funktioner. De finns oftast i tredjeparts appbutiker eller på misstänkta webbplatser som erbjuder APK-filer, men vissa har även lyckats ta sig in i officiella appbutiker som Google Play eller Apple App Store. De maskerar sig ofta som ficklampor, bakgrundsbilder eller verktygsappar. När de väl är installerade begär de omfattande behörigheter och börjar skicka data till externa servrar eller övervaka ditt beteende.

En av de farligaste typerna av hot är spionprogram, även kallat stalkerware. Dessa appar är designade för att i hemlighet spåra din plats, läsa dina meddelanden, samtalshistorik, foton och till och med aktivera mikrofon och kamera—utan att du vet om det. De kan installeras av någon med tillfällig tillgång till din telefon och körs ofta dolt i bakgrunden.

Spionprogram kan utge sig för att vara systemuppdateringar eller använda generiska namn som "Device Helper" eller "System Services" för att undvika upptäckt. Vissa säljs öppet som "föräldrakontroll"- eller "övervakningsverktyg", men används ofta för missbruk. När de är aktiva skickar de kontinuerligt privat data och kan till och med fjärrstyra din enhet.

För att skydda dig bör du regelbundet granska dina installerade appar. Om du hittar appar du inte känner igen eller som begär misstänkta behörigheter—ta bort dem direkt. På Android kan du sortera appar efter installationsdatum. På iPhone kan du kontrollera lagringsinställningar. Kontrollera även administratörsrättigheter eftersom vissa spionappar får utökad kontroll genom att låtsas vara systemverktyg.

Installera säkerhetsappar från välkända företag som kan skanna efter skadlig kod och övervaka din enhet.

Ladda endast ner appar från betrodda källor. Undvik tredjepartsbutiker och misstänkta länkar. Kontrollera alltid utvecklare, recensioner och behörigheter innan installation.

Var extra försiktig med gratisappar som begär åtkomst till kontakter, lagring eller samtalshistorik. Många tjänar pengar genom att sälja din data.

Stäng av möjligheten att installera appar från okända källor.

Var uppmärksam på din telefons beteende. Snabb batteriförbrukning, överhettning eller hög dataanvändning kan vara varningstecken.

Om du misstänker intrång bör du säkerhetskopiera dina filer och göra en fullständig fabriksåterställning.

Utbilda även familj och vänner om riskerna.

I en värld med miljontals appar är vaksamhet ditt bästa försvar. Varje app du installerar skyddar antingen din integritet—eller underminerar den.

Tashas historia

Tasha var en matematiklärare som älskade att använda appar för arbete och underhållning. En dag laddade hon ner en produktivitetsapp som såg perfekt ut.

Efter en vecka började hennes telefon bete sig konstigt—batteriet tog slut snabbt och hon fick märkliga annonser.

En IT-vän analyserade telefonen och upptäckte att appen var spionprogram som samlade in data och skickade den vidare.

Den hade till och med administratörsrättigheter.

De raderade appen och återställde telefonen.

Tasha insåg hur lätt det är att bli lurad av till synes legitima appar.

Hon granskade alla sina appar och tog bort flera med onödiga behörigheter.

Senare höll hon en presentation för föräldrar om digital säkerhet.

Hon lärde sig att de största hoten ofta ser ut som hjälpsamma verktyg.

Och att ibland knackar inte hoten på dörren—de laddas ner.

Kapitel 8: Vad du ska göra om din telefon tappas bort, blir stulen eller beslagtas

Att förlora din telefon är inte längre bara en olägenhet—det kan vara en fullskalig digital kris. Oavsett om din enhet tappas bort, blir stulen eller beslagtas av myndigheter kan ditt privatliv exponeras på några minuter om rätt skydd inte finns på plats. Dina kontakter, bankappar, foton, meddelanden, sociala medier, dokument och sparade lösenord kan bli tillgängliga. Men med rätt förberedelser och åtgärder kan du minimera skadan—eller förhindra den helt.

Steg 1: Förbered dig innan det händer

Det bästa tillfället att skydda din data är innan något inträffar. Börja med att aktivera spårning och fjärradering:

För iPhone: Inställningar > [Ditt namn] > Hitta > Hitta min iPhone och aktivera även "Skicka senaste plats."
För Android: Inställningar > Säkerhet > Hitta min enhet.

Dessa funktioner låter dig lokalisera, låsa och radera din telefon på distans.

Säkra också låsskärmen med en stark kod och stäng av förhandsvisningar för känsliga notiser.

Steg 2: Kryptering och automatisk radering

Aktivera kryptering på din enhet. iPhones gör detta automatiskt. På Android bör du kontrollera inställningarna.

Du kan också aktivera automatisk radering efter flera felaktiga lösenordsförsök.

Steg 3: Agera direkt om telefonen försvinner

Om din telefon försvinner:

- Använd spårningstjänster för att lokalisera den
- Aktivera förlorat läge och lås enheten
- Radera data om den inte kan återfås
- Byt alla viktiga lösenord (börja med e-post)
- Kontakta din operatör och blockera SIM-kortet
- Gör en polisanmälan med IMEI-nummer

Steg 4: Skydd vid beslag

Vid resor eller juridiska situationer:

- Använd starka lösenord istället för biometrisk upplåsning

- Använd krypterade appar som Signal
- Stäng av molnsynkronisering temporärt
- Använd en separat "ren" telefon för resor

Steg 5: Efter återfådd enhet

Om du får tillbaka din telefon:

- Kontrollera inställningar och aktivitet
- Granska appar och behörigheter
- Byt lösenord
- Gör en fabriksåterställning vid behov

Bonus: Dokumentera din enhet

Spara följande:

- IMEI-nummer
- Modell och serienummer
- Kvitto
- Säkerhetskopia

Sammanfattningsvis kan din telefon vara din största tillgång—eller din största risk. Att förbereda sig i förväg kan spara dig från stora problem.

Rajs historia

Raj var på väg hem från jobbet när han insåg att hans telefon var borta. Paniken slog till direkt—hela hans liv fanns i den.

Lyckligtvis hade han aktiverat spårning. Han lokaliserade telefonen och låste den på distans.

När signalen försvann valde han att radera all data.

Han bytte lösenord, kontaktade operatören och gjorde en polisanmälan.

Senare insåg han att även beslag av telefoner kunde vara en risk.

När han köpte en ny telefon satte han upp starkare säkerhet: bättre lösenord, kryptering och en extra telefon för resor.

Hans syn på säkerhet förändrades helt.

Senare höll han en presentation om mobil säkerhet och avslutade med:

"Du låser din dörr och skyddar din plånbok—varför inte skydda din telefon, som innehåller allt?"

Kapitel 9: Mobil säkerhet för familjer och barn

I dagens uppkopplade värld har mobila enheter blivit en central del av familjelivet. Barn använder smartphones och surfplattor för skolarbete, underhållning och kommunikation—ofta från en mycket ung ålder. Även om tekniken erbjuder fantastiska möjligheter, öppnar den också dörren till verkliga digitala faror: rovdjur på nätet, olämpligt innehåll, nätmobbning, beroende, dataspårning och integritetsintrång. Som förälder eller vårdnadshavare är det en av dina viktigaste uppgifter att skydda ditt barns digitala upplevelse.

Börja med att förstå hotbilden. Barn är inte bara passiva användare—de är aktiva mål. Skadliga appar, köp i appar, sociala medier-algoritmer och till och med andra barn kan utnyttja deras nyfikenhet och okunskap. Barn inser ofta inte konsekvenserna av att dela personlig information, klicka på annonser eller ladda ner spel som spårar deras beteende.

Det första och viktigaste steget är öppen kommunikation. Barn bör förstå att en smartphone är ett privilegium som innebär ansvar. Förklara att risker på nätet är lika verkliga som fysiska risker—och att du finns där för att hjälpa, inte övervaka.

Inför föräldrakontroller och åldersanpassade begränsningar:

På iOS: Inställningar > Skärmtid för att begränsa appar, innehåll och skärmtid.
På Android: använd Family Link för att kontrollera nedladdningar och användning.

Aktivera SafeSearch och använd barnvänliga appar som YouTube Kids.

Använd även säkerhetsverktyg som kan filtrera innehåll och varna för risker.

Lär barn om integritet tidigt. De ska inte dela namn, adress, skola eller bilder med främlingar.

Stäng av platsspårning för de flesta appar och inaktivera funktioner som Bluetooth och AirDrop när de inte behövs.

Prata om nätmobbning och se till att barn vet hur man blockerar och rapporterar.

Sätt tydliga regler för skärmtid och skapa skärmfria zoner.

Använd övervakningsverktyg för att hjälpa barn förstå sina vanor—inte för att kontrollera dem.

Skydda även enheterna fysiskt med lösenord och uppdateringar.

Var en förebild. Barn lär sig av vad du gör, inte bara vad du säger.

Målet är inte att isolera barn från teknik, utan att ge dem kunskap och goda vanor för livet.

Varför Monica installerade Family Link

Monica var en ensamstående mamma vars son Leo ville ha en smartphone. Till slut gav hon med sig och köpte en enkel Android.

Till en början fungerade allt bra—men snart märkte hon förändringar i hans beteende.

En dag upptäckte hon att han pratade med en främling via ett spel.

Appen hade tillgång till mikrofon, plats och kamera.

Monica insåg riskerna och installerade Family Link, begränsade appar och aktiverade säkerhetsinställningar.

Hon pratade med Leo om integritet och säkerhet.

De satte regler för skärmtid och appanvändning.

Med tiden blev Leo mer medveten och började fatta bättre beslut.

Monica delade senare sina erfarenheter med andra föräldrar.

Den största förändringen var inte tekniken—utan kommunikationen och förtroendet.

Leo blev inte bara säkrare—han blev en ansvarsfull digital användare.

Kapitel 10: Framtiden för mobil säkerhet — trender, hot och hur du ligger steget före

Mobil säkerhet är inte längre valfri—det är en levande och ständigt utvecklande nödvändighet. I takt med att smartphones blir mer kraftfulla och integrerade i alla delar av våra liv, blir hoten som riktas mot dem allt mer sofistikerade, ihållande och osynliga. Att förstå vad som kommer härnäst är avgörande för att ligga steget före angripare, manipulerande algoritmer och exploaterande övervakningssystem. I detta sista kapitel utforskar vi framtida trender inom mobil säkerhet, vilka hot du bör vara uppmärksam på och hur du framtidssäkrar ditt digitala liv.

En av de största förändringarna är användningen av artificiell intelligens (AI) i både attacker och försvar. Cyberbrottslingar använder nu AI för att automatisera phishingförsök, skapa extremt realistiska falska meddelanden och analysera beteendemönster för mer riktade attacker. Deepfake-ljud och video blir kraftfulla verktyg för identitetsbedrägeri och kan lura användare att avslöja känslig information.

På försvarssidan används AI för att upptäcka hot i realtid, analysera avvikande beteenden och förhindra dataläckor innan de sker. Funktioner som biometrisk autentisering, beteendebaserad åtkomstkontroll och AI-drivna brandväggar kommer att bli standard i framtiden.

En annan viktig trend är ökningen av så kallade zero-click-attacker. Dessa kräver ingen interaktion från användaren—ett missat samtal eller ett inkommande meddelande kan räcka för att installera skadlig kod. Dessa attacker utnyttjar ofta okända sårbarheter i operativsystem eller appar.

För att skydda dig bör du hålla din enhet uppdaterad, stänga av onödiga funktioner och använda säkra appar.

Vi kommer också att se en ökning av spionprogram och övervakningsverktyg. Avancerade system kan kompromettera även säkra telefoner.

Motåtgärder inkluderar säkrare hårdvara, krypteringslösningar och integritetsfokuserade operativsystem.

Biometrisk teknik utvecklas också—framtiden inkluderar beteendebaserad identifiering, hjärtrytm och röstigenkänning. Detta ökar säkerheten men väcker också integritetsfrågor.

Digitala plånböcker och mobila ID kommer att bli standard, vilket gör din telefon till din kompletta identitet.

5G och framtida nätverk kommer att skapa fler möjligheter—men också fler angreppspunkter.

Hur framtidssäkrar du din säkerhet?

- Håll dig uppdaterad
- Minimera din digitala närvaro
- Använd flera säkerhetslager
- Säkerhetskopiera offline
- Skydda din identitet
- Granska inställningar regelbundet

Framtiden handlar inte om att eliminera alla risker—utan om att vara proaktiv och medveten.

Spionprogramhistorien

Julian och Maya levde ett uppkopplat liv med smarta enheter i hela hemmet.

Efter att ha sett en dokumentär om spionprogram insåg de riskerna.

De började med att uppdatera alla enheter och säkra sina system.

De bytte till säkra meddelandeappar och aktiverade kryptering.

De stängde av spårning och förbättrade integritetsinställningar.

Julian började studera nya hot och implementera bättre skydd.

Maya fokuserade på barnens säkerhet och utbildade dem om digitala risker.

Familjen kände sig inte rädd—utan stärkt och i kontroll.

De insåg att säkerhet är en vana, inte en engångsåtgärd.

Ett år senare hade inget hänt—och det var just poängen.

De var inte bara användare längre—de var beskyddare av sina digitala liv.

Säkerhet är inte en destination—det är en praktik

Du har nått slutet av den här boken, men din resa mot mobil säkerhet har bara börjat.

Vi lever i en värld där våra telefoner är mer än bara verktyg—de är digitala förlängningar av oss själva. De vet vart vi går, vem vi pratar med, vad vi söker efter, hur vi spenderar pengar och till och med vad vi tänker på när ingen annan ser. Och eftersom de vet så mycket måste de skyddas med samma brådska, vaksamhet och omsorg som vi ger våra hem, våra familjer och vår identitet.

Genom den här boken har vi gått igenom varje lager av mobilt skydd—från låsskärmsinställningar till krypterade meddelanden, från granskning av appbehörigheter till att upptäcka spionprogram och externa hot. Du förstår nu att hot inte alltid ser ut som hot. De dyker ofta upp som bekvämlighet, gratis nedladdningar eller standardinställningar som lämnas orörda.

Du förstår också att målet med säkerhet inte är att skapa rädsla eller paranoia—utan att skapa frihet. När du tar kontroll över din enhet, din data och dina digitala vanor rör du dig genom världen med större självförtroende, klarhet och sinnesro.

Du har lärt dig hur du:
Härdar din telefon med smarta standardinställningar
Väljer rätt meddelande- och videoverktyg för verklig integritet
Skyddar dina foton, filer och molndata från läckor och intrång
Identifierar och tar bort skadliga eller manipulativa appar
Förbereder dig för nödsituationer som stöld, beslag eller förlust av enhet
Vägleder dina barn och din familj till säker digital användning
Ligger steget före framtida hot genom vanor, verktyg och medvetenhet

Viktigast av allt har du lärt dig att säkerhet inte är en destination—det är en praktik. Du kommer behöva återvända till dina inställningar, omvärdera dina verktyg och utbilda dig själv på nytt i takt med att tekniken förändras. Det som är säkert idag kanske inte är det imorgon. Men med rätt inställning kommer du vara redo att anpassa dig och fortsätta framåt.

Cyber Shield Academy-serien finns för att hjälpa dig göra just detta—att bygga verklig digital kompetens i en tid av distraktion, manipulation och dold övervakning.

Tack för att du har valt att ta del av denna kunskap. Om du tyckte att boken var värdefull, dela den med någon du bryr dig om. En vän. En förälder. En tonåring. En kollega. Digital säkerhet påverkar alla—och genom att sprida medvetenhet skyddar du inte bara dig själv, utan bidrar också till en tryggare värld för andra.

Var vaksam. Skydda din integritet. Och kom ihåg: kraften finns i din ficka—**men det gör också risken. Skydda båda.**

www.ingramcontent.com/pod-product-compliance
Lightning Source LLC
La Vergne TN
LVHW022029200926
848481LV00007B/2600